2nd Edition - Español
ISBN: 9781660276103
Impreso en los Estados Unidos de América
Primera impresión, 2020
Conrad FE Media
@conradfemedia
conradfemedia@photographer.net

"Sino La Esfera Misma"

Una guía de referencia de la teoría de la tierra plana

By Christopher Conrad

Entonces el movimiento tiene

Finalmente despertó tu curiosidad, ¿eh? ¿No sería bueno tener una ventaja en su investigación de tierra plana? Supongamos que hay un Grupo de

Facebook para gente pensando en la luna está hecho de verde queso. ¿Perderías? su tiempo "unirse a un grupo así para discutir el tema y encontrar argumentos en contra de ella, si estás 100% seguro

que la tierra no está
hecha
de queso?
Entonces por qué
"globo terráqueo"
UNIRSE
grupos de tierra
plana en
maneja ??
PARA LUCHAR (y
algunos de
ellos consiguen

**REEEAAAALLLYY
Y loco !!!!)
contra tan ridículo
¿idea?
¿O tienen miedo?
saldrá algo
sacudir su
comprensión de la
realidad?
Yo digo que no hay
nada que
miedo, "pero la
esfera misma",**

de ahí el título de
esto
libro.
En el fondo lo sabes,
pero no te acuerdas
Eso no es tu culpa,
pero negarse a volver
a aprender no es
culpa tuya pero tuya
porque puedes hacer
bastante
experimentos simples
que

demostrará más allá
de un
sombra de duda que,
mientras que la
Tierra no
de hecho ser
"plano", lo más
ciertamente no puede
ser un
globo o un
pera / naranja /
manzana

planeta en forma de
vallas
a través del espacio
en
velocidades
inimaginables
mientras que esta
teoría "cosa"
llamamos gravedad
mantiene el
los océanos se caen
como lo haría el agua
de un

pelota de tenis
giratoria mojada.
Las únicas personas
que no
sabe que la tierra no
puede
Posiblemente sea un
globo terráqueo
aquellos demasiado
desinteresados o
demasiado ocupado
para hacer un buen
y completa

investigación de la importar. Innumerables experimentos han estado y están siendo hecho por científicos y
laicos por todo el mundo (¡INCLUSO NIÑOS!) como yo escribe esto. lo siento

decir que la
divulgación completa
de
"tierra no globular"
es
va a ensuciar un poco
la gente muy mala
(tal vez más que
cuando otra
dimensión
o seres de otro
mundo

son **TOTALMENTE divulgados en el futuro cercano. Suave la divulgación ha estado yendo por un tiempo ahora.) .... aquellos que se niegan o no puede evolucionar, adaptarse e incluso abrazar nuevas ideas,**

normas y
ciencias .... un nuevo
paradigma.
Los límites solo están
ahí
para ser cruzado
Confía en mí que soy
muy
muy consciente de
que muchos
gente que se
preocupa por mi y

muchos que pueden tener

nunca me conociste leyendo esto ahora y pensando: "Este chico

DEBE ser directo LUNATIC o algo? ¿Cómo puede alguien que está educado a sí mismo tanto

como Christopher
Conrad
dice tener
algo tan estúpido
como
la tierra no es
esférica?
(Estás pensando
algo así como
lees esta oración,
¿Derecha? Jajaja)
Bueno, es bastante
simple. yo

escuchado sobre la teoría

hace décadas y para

veinte años nunca lo dieron

UN PENSAMIENTO

debido a

que absolutamente

ridículo

de una idea que

era. yo

recuerda haber

pensado cómo

puede tan inteligente
y
gente educada
desperdicia tan
mucho tiempo en
total
"MIERDA"? yo era
ofendido y
francamente amable
de malestar que
tantos
los árboles fueron
cortados a

hacer libros sobre
tales
un obviamente falso
idea, e hizo mi
importa que no lo
haría
desperdiciar UN
MINUTO de mi
preciosa vida
dedicada a
¡Qué idiotez! Hice
una

decisión que muchos de ustedes están haciendo ahora mismo. yo se aferró a mis creencias y fui por mi vida, nunca dándole otro pensamiento NUNCA por más de 20 años. Por años pasé por

experiencias de la
vida mientras
atiborrandose de
innumerables
libros sobre cada
tema
eso despertó mi
interés
ganó elogios
persiguiendo mi
sueños, se casó un
un par de veces, tuve
hijos,

estado encarcelado Lady Ayahuasca, y básicamente evolucionó mucho en los años hasta uno el día que lo encontré de nuevo. Esta vez, sin embargo, era de un muy confiable fuente, y pensé, tiene que haber algo para eso. Me enterré!

**Honestamente, no
tomó
mucho tiempo para
mí
darse cuenta de que
hice un
ENORME error al
no excavar
en esto antes. Me iré
en eso. Si no
MIRAR EN SERIO
evidencia presentada**

por innumerables
personas
en todo el mundo,
entonces lo harás
nunca se sabe. No vas
a conseguir
desde la televisión o
Hollywood
o religión o en
cualquier lugar
aparte de investigar
sobre

tu propio. No tomes mi
o la palabra de CUALQUIERA, analizar la evidencia y asegúrate de no ser confundiendo suposiciones como hecho. Los supuestos SON NO hechos.

La matemática es la clave.
Todo lo que tienes que hacer es matemáticas. Las matemáticas no mentirán para ti. No te puede mentir.
Las matemáticas son la única prueba que tenemos lo que permite

nosotros SABER más allá de un sombra de duda los las matemáticas están ahí, la pelota (no juego de palabras destinado lol) está en tu corte Los siguientes son algunos de los escritos más concluyentes

sobre el tema
(disponible
completamente
gratis)
y nadie debería
"hacer allá arriba
mente "en
si ellos "creen"
la tierra para ser
plana o
esférico sin
examinando la
evidencia.

Un doctor no diagnosticarte con cáncer
y prescribir destructivo quimioterapia sin primero corriendo una miríada de pruebas para asegurarse de que él no estaba dando un invasivo
tratamiento a alguien

quien no lo
necesitaba, ¿verdad?
Un examen
minucioso
es necesario, así que
dale
evidencia presentada
en este
libro de referencia a
examen a fondo
antes de proclamar
tu

ignorancia al
respecto
al mundo.
Una vez que haya
examinado
toda la evidencia
disponible
serás mucho más de
un experto en el tema
que los millones de
personas que
intentan desacreditar

la teoría de la tierra plana
con poco a cero real
la investigación ha sido
hecho por ellos.
Esta primera lista está hecha
de PDF público hipervinculado
el dominio funciona convenientemente
archivado para

su referencia
personal
mientras te embarcas
en esto
viaje de
descubrimiento.

"Earth Not A Globe! An Experimental Inquiry into the True Figure of the Earth" Samuel Rowbotham "Foundations of Many Generations" by E. Eschini "Is Newtonian Astronomy

True?" by William Carpenter

"Kings Dethroned" by Gerard Hickson

"The Midnight Sun" by Albert Smith

"The Sea-Earth Globe and and its Monstrous Hypothetical Motions" by Albert Smith

"Museum of Science and Art (Vol. 1)" by Dionysius Lardner

"Zetetic Astronomy" by Lady Blount, Albert Smith

Algunas galerías y bibliotecas que se paradas obligatorias en el camino al más completo comprensión de Flat

La teoría de la tierra sería:

[Bildarchiv der Bayerischen Staatsbibliothek](#)

[Ketterer Kunst](#)

[Astrophysics Data System -Harvard](#)

[World Digital Library](#)

[Oxford Libraries](#)

[e-rara Swiss Library](#)

[Ancient Origins](#)

[Digitale-Sammlungen](#)

[Shorpy](#)

[Internet Archive Library](#)

[Gallica](#)
[Vatican Library](#)
[DONum- University of Liege](#)
[Wellcome Collection](#)
[British Library Online](#)
[NYPL Digital Collections](#)
[Babel Hathi Trust](#)
[Smithsonian Libraries](#)
[Tart-Aria Info](#)
[Bilderbuch-Berlin](#)
[J. Paul Getty Museum](#)

Algunos mapas que podrías

querer inspeccionar y referencia a lo largo de este viaje de geográfico la educación son:

9 Extremely Ancient Maps That Should Not Exist
World Landbridge
Library of Congress Geography and Maps
Old Maps Online
Birds Eye Views
Götzfried Antique Maps

Mappa Mundi
David Rumsey Map
Collection
Raremaps.com
Wikipedia Early World
Maps
Altea Gallery World Maps

Te lo dejaré a ti y
su investigación para
figurar
a dónde ir desde aquí
después de analizar
el

evidencia contenida
Aquí en.
Me gustaría señalar
una cosa
antes de concluir esto
libro de
referencia. De hoy
cuanto más
destacado
físicos así como
muchos líderes
espirituales

y gurús de todo el
mundo,
todos coinciden en
que lo que nosotros
llama realidad, esta
matriz,
este conglomerado de
la conciencia está en
todo
actualidad un campo
de
código de
computadora con

posibilidad infinita
de que
puede "convertirse"
en lo que sea
todos y cada uno
la conciencia lo
manifiesta ser -
estar. Bueno en
tantos
palabras. Si esto es
ser
creído, entonces es,
en

efecto, posible para el
Tierra para ser
esférica Y
plano. Pero esto seria
otro libro por
completo
Te dejo con eso
y te bendiga en tu
buscar más alto
conciencia
Buena suerte y que el
La fuente sea
contigo.

Si aprecias el información compartida aquí y me gustaría sintonizar al podcast semanal del autor anfitriones sobre conciencia superior, por favor sintonice The THC Mostrar en

<u>http: //www.thethcshow.com</u>
La paz sea con vosotros

INVESTIGACIÓN PLANO TIERRA!

THAT MOMENT WHEN YOU UNDERSTAND THAT THEY WERE GOING TO ASSAULT THE FIRMAMENT...
THEY KNEW ABOUT GATES IN THE FIRMAMENT, THAT WERE USED TO FLOOD THE EARTH.

JUST GOOGLE
OPERATION DEEP FREEZE

OPERATION PAPERCLIP AND OPERATION FISHBOWL IN THAT ORDER